Inhalt

Nachhaltigkeit - Chancen für die Wirtschaft

Kernthesen

Beitrag

Fallbeispiele

Weiterführende Literatur

Impressum

Nachhaltigkeit - Chancen für die Wirtschaft

M.Reiner

Kernthesen

- Immer mehr Unternehmer werden sich ihrer Verantwortung für die Umwelt bewusst und praktizieren ein nachhaltiges Umweltmanagement, mit dem sie sich auf dem Markt profilieren wollen. (1)
- Die Ausgaben für umweltfreundliche Produktionsumstellungen können durch künftige Kosteneinsparungen, eine Image- und Markensicherung sowie eine höhere Glaubwürdigkeit bei Investoren, Anlegern und Verbrauchern ausgeglichen werden. (2), (3)

- Für die Zukunft rechnen Experten mit einer steigenden Nachfrage nach nachhaltigen Kapitalanlagen und prophezeien für Deutschland das größte Volumen auf dem europäischen Markt. (4), (5)

Beitrag

Nachhaltiges Umweltmanagement hat nicht zuletzt mit der schweren Flutkatastrophe in Sommer einen neuen Stellenwert bekommen. Dies zeigte sich auch auf dem diesjährigen UN-Gipfel in Johannesburg, bei dem zahlreiche internationale Firmen teilnahmen. Denn immer mehr Unternehmer erkennen, dass nachhaltiges Wirtschaften nicht nur der Ökologie dient, sondern ebenso wirtschaftlichen Vorteile bieten kann.

Was bedeutet nachhaltiges Management?

Nachhaltiges Management bezeichnet eine Entwicklung, die auf die Bedürfnisse der heutigen Generation eingeht, ohne dabei künftigen Generationen die Lebensgrundlage zu entziehen. Für Unternehmer heißt dies, dass sie neben wirtschaftlichen Kriterien auch ihrer Verantwortung im Umwelt und Sozialbereich gerecht werden. Mit langfristigen Strategien für eine umweltschonende Produktion und sozialem Engagement soll das Wachstum langfristig gesichert werden. (1), (3), (5)

Umwelt und Weltwirtschaft

Laut einer makro-ökonomischen Studie der Weltgesundheitsorganisation kosten allein Krankheit und verkürzte Lebenserwartung in den Entwicklungsländern die Weltwirtschaft jährlich mindestens 360 Milliarden Dollar. Eine Sanierung des Gesundheitssystems in den jeweiligen Regionen würde hingegen nur einen Bruchteil davon kosten.

Auch die Münchner Rück AG, der größte Rückversicherer der Welt, rechnet in Zukunft mit erheblichen wirtschaftlichen Schäden durch ein verändertes Klima und Wetterkatastrophen.

Welche Vorteile bietet Nachhaltigkeit den Unternehmen?

Was auf den ersten Blick vor allem nach großem

Aufwand und hohen Kosten aussieht, erweist sich als zukunftsträchtige Investition. Immer mehr Firmen wollen sich mit Konzepten zur Nachhaltigkeit auf dem Markt profilieren. (3), (4)

Ökonomische Vorteile sowie Image- und Markensicherung

Bisher waren es vor allem Analysten und Investoren, die sich für die ökonomischen, ökologischen und sozialen Prozesse innerhalb der Unternehmen interessiert haben. Tätigkeiten, die eine nachhaltige Entwicklung beinhalten, sind oft wirtschaftlich profitabel und eröffnen neue Märkte.

Aber neben den ökonomischen Aspekten dient die Nachhaltigkeit zudem der Markensicherung. Immer mehr Verbraucher achten auf die Umweltstrategien von Firmen. So wirkt sich ein Nachhaltigkeitsmanagement auf das Image eines Unternehmens aus. Es belegt die Fähigkeit einer Firma, innovative Ansätze zu entwickeln, weckt Vertrauen bei den Verbrauchern und schützt den Ruf und den Marktenwert.

Außerdem zeigt es sich als Wettbewerbsvorteil bei der Rekrutierung von Berufseinsteigern, die vermehrt

Interesse an Nachhaltigkeit zeigen. (1), (2), (3)

Kapitalanlagen und Nachhaltigkeit

Nachhaltige Kapitalanlagen, oft auch als ethische Anlagen oder nach dem amerikanischen Wort für Nachhaltigkeit als Sustainability bezeichnet, werden auch bei Anlegern zunehmend beliebter. Vor allem Privatanleger entwickeln ein starkes Nachhaltigkeitsbewusstsein und investieren in dementsprechende Kapitalanlagen.

Eine Studie der Universität Hannover belegt, dass 44 Prozent der deutschen Privatanleger an ethischen Anlagen interessiert sind. Derzeit machen nachhaltige Anlagen jedoch nur ein Prozent des gesamten Anlagevolumens aus. Daher sprechen Experten von einem enormen Potenzial in diesem Bereich. In Europa wird Deutschland aufgrund seiner Finanzkraft und Industriestruktur nach Schätzungen europaweit das größte Volumen zugetraut. (5)

Aber auch nachhaltige Pensionsfonds gewinnen an Bedeutung, vor allem unter privaten Stiftungen und kirchlichen Institutionen. Diese sind nämlich aus ethischen Gründen gerne dazu bereit, hoch in nachhaltige Anlagen zu investieren. Seit Jahresmitte sind britische Pensionsfonds dazu verpflichtet offen zu legen, inwieweit sie ökologische, soziale und ethische Kriterien berücksichtigen. In Deutschland wird an solchen Bestimmungen derzeit gearbeitet. (5)

Wie kann Nachhaltigkeit gemessen werden?

Inzwischen gibt es zahlreiche deutsche Unternehmen wie Adidas Salomon oder Henkel, die hohe Nachhaltigkeitsstandards erreicht haben und umfangreiche Berichte zu diesem Thema veröffentlichen. Unternehmen, die Anlegern, Verbrauchern und Investoren ihr Engagement bezüglich der Nachhaltigkeit glaubwürdig vermitteln wollen, kommen nicht daran vorbei, sich bewerten zu lassen.

Inwieweit eine Firma als nachhaltig eingestuft werden kann, wird von unabhängigen Rating-Agenturen festgelegt. Diese überprüfen die Unternehmen nach selbst festgelegten Kriterien. Bisher fallen insgesamt circa 2.000 Unternehmen unter diese Kategorie. (3), (5)

Auch Unternehmen, die schon aufgrund ihrer

Branchenzugehörigkeit Umweltbelastungen verursachen, wie z. B. Fluggesellschaften, haben die Möglichkeit, in ihrer Sparte als nachhaltig eingestuft zu werden. Als Beispiel kann hier die Lufthansa genannt werden, die ihren Geräuschpegel und die CO-Emission deutlich senken konnte. (5)

Ausgeschlossen von einer unabhängigen Nachhaltigkeitsprüfung sind Unternehmen, die vor allem im Bereich Alkohol, Waffen, Sexindustrie oder Zigaretten produzieren oder werben. (5)

Eine Auflistung von unabhängigen Instituten zur Prüfung der Nachhaltigkeit findet man unter anderem im Dow Jones Sustainability Index und den Sustainability Reporting Guidelines der Global Reporting Initiative. (3)

Fallbeispiele

Die Otto Handelsgruppe hat nachweislich zur Nachhaltigkeit der Umwelt beigetragen, indem sie ihren Kohlendioxid-Ausstoß auf weniger als die Hälfte des Basisjahres 1993 reduziert hat. Erreicht wurde dies mit der Umstellung der Transporte von

Flugzeugen auf die Binnenschifffahrt und Züge. (1)

Welche Kriterien Leser an einen Nachhaltigkeitsbericht stellen, ermittelten nun die Agenturen ECC Kothes Klewes, ECC Research und ECC Online Relations in ihrer Studie Nachhaltigkeitsberichte zwischen gesellschaftlichen Ansprüchen und kommunikativen Möglichkeiten. (6)

380.000 Euro investierte McDonalds in Oberding in eine neue thermische Verwertung von Pflanzenfetten. Indem Wärme aus Prozessdampf erzeugt wird, werden pro Jahr rund 60 Tanklaster Heizöl gespart. Insgesamt belasten nach Messkriterien von Klimaexperten dadurch 5.400 Tonnen CO2 weniger die Umwelt. (1)

Es gibt zwar interessante Ansatzpunkte für die Einbindung der Umweltproblematik in globale Regelmechanismen, allerdings stößt man schnell auf die realen begrenzenden Faktoren von Natur und Gesellschaft. Die geschichtliche Entwicklung von Menschheit und Wirtschaft zeigt auf, dass Ressourcenerschöpfung und Zeithorizonte bewusst erkannt werden müssen, um rechtzeitig Gegenmaßnahmen zu initiieren. (7)

Die Tageszeitung taz widmet sich regelmäßig Unternehmen, die am Natur-Aktien-Index NAI

notiert sind: z. B.
1.) Die niederländische Firma Grontmij NV, die als Beratungsfirma für die Landwirtschaft tätig ist, erwirtschaftet 50 Prozent des Umsatzes im Umweltbereich. Ihr Engagement für die Nachhaltigkeit stellt sie in zahlreichen Projekten unter Beweis.
2.) Der amerikanische Büromöbelhersteller Herman Miller Inc. wurde in den USA mehrfach für sein Umweltmanagement ausgezeichnet. Die Firma verzichtet bei der Herstellung auf Teak- und Rosewoodholz, benützt Recyclingmaterialien und reduzierte den Gebrauch von Einwegverpackungen. Außerdem sichert das Unternehmen den Beschäftigten in Mexiko eine Bezahlung über dem Mindestlohn und stellt deren medizinische Versorgung sicher. (8)

In Workshops, Beratungsgesprächen und einer abschließenden Prüfung können Unternehmen an dem Ökologischen Projekt für integrierte Umwelttechnik teilnehmen. Ziel ist es, durch betrieblichen Umweltschutz Kosten und Ressourcen zu sparen. Bisher ist es den teilnehmenden Firmen aus Wiesbaden gelungen, ihre Energie- Abfall- und Wasserkosten um insgesamt 250.000 Euro zu mindern. Die Teilnahme an den Workshops ist kostenlos. (9)

In einem Nachhaltigkeitsszenario hat die Johann-Wolfgang-Goethe-Universität in Frankfurt die Möglichkeit veränderter gesellschaftlicher Rahmenbedingungen für die Nahrungsmittelproduktion und eines umweltverträglichen Konsums untersucht und bietet Ansätze für die Förderung einer nachhaltigen Produktion von Nahrungsmitteln. (10)

Mit einer starken Reduktion von CO-Emissionen und des Geräuschpegels hat die Deutsche Lufthansa ihr Engagement in der Nachhaltigkeit zertifizieren können. (5)

Swissca, ein Tochterunternehmen der Schweizer Kantonalbanken führt in speziellen, nachhaltigen Anlagefonds, Rendite und Nachhaltigkeit systematisch zusammen, um eine mit traditionellen Anlangen vergleichbare Performance zu erzielen. (4)

Weiterführende Literatur

(1) Johannesburg tagt unter neuen Vorzeichen
aus Lebensmittel Zeitung 35 vom 30.08.2002 Seite 056

(2) Nachhaltiger Erfolg VDZ
aus werben & verkaufen Nr. 39 vom 27.09.2002 Seite 075

(3) Die künftige Generation im Blick
aus HORIZONT 43 vom 24.10.2002 Seite 017

(4) Nachhaltigkeit schließt Rendite nicht aus Kein Zielkonflikt - Neue, intelligente Form von Unternehmertum
aus Börsen-Zeitung, 05.10.2002, Nummer 192, Seite B13

(5) Nachhaltigen Anlagen gehört die Zukunft
aus netzeitung.de vom 24.10.2002

(6) Wer einmal lügt, dem glaubt man nicht
aus HORIZONT 43 vom 24.10.2002 Seite 017

(7) Die Natur treibt uns in die Defensive
aus Frankfurter Allgemeine Zeitung, 26.08.2002, Nr. 197, S. 33

(8) Jabrane, Katharina, Nachhaltige Konzepte. Jeden zweiten Montag im Monat stellen wir an dieser Stelle zwei Werte aus dem Natur-Aktien-Index NAI vor. Heute: Die Beratungsgesellschaft Grontmij (NL) und die Möbelfirma Herman Miller (USA), taz vom 12.08.2002, Seite 8
aus Frankfurter Allgemeine Zeitung, 26.08.2002, Nr. 197, S. 33

(9) Stadt fördert Umweltmanagement
aus Frankfurter Allgemeine Zeitung, 05.08.2002, Nr. 179, S. 43

(10) EU-Landwirtschaft wird regional differenzierter

aus Ernährungsdienst 76 vom 05.10.2002 Seite 008

Impressum

Nachhaltigkeit - Chancen für die Wirtschaft

Bibliografische Information der deutschen Nationalbibliothek

Die Deutsche Nationalbibliothek verzeichnet diese Publikation in der deutschen Nationalbibliografie; detaillierte bibliografische Daten sind im Internet über http://dnb.d-nb.de abrufbar.

ISBN: 978-3-7379-1554-0

© 2015 GBI-Genios Deutsche Wirtschaftsdatenbank GmbH, Freischützstraße 96, 81927 München, www.genios.de

Alle Rechte vorbehalten. Dieses Werk ist einschließlich aller seiner Teile – z.B. Texte, Tabellen und Grafiken - urheberrechtlich geschützt. Jede Verwertung außerhalb der Grenzen des Urheberrechtsgesetzes bedarf der vorherigen Zustimmung des Verlags. Dies gilt insbesondere auch für auszugsweise Nachdrucke, fotomechanische Vervielfältigungen (Fotokopie/Mikroskopie), Übersetzungen, Auswertungen durch Datenbanken oder ähnliche Einrichtungen und die Einspeicherung und Verarbeitung in elektronischen Systemen.